AF288403

Ich danke meiner Frau Peggy, die mir in trüben und stürmischen Zeiten stets die Treue hielt und mich ermutigte, diese Gedichte zu veröffentlichen.

Andreas Rothe

Gedichte

aus der

Anstalt

Lyrische Bekenntnisse eines Ver-rückten

Bibliografische Information der Deutschen
Nationalbibliothek:

Die Deutsche Nationalbibliothek verzeichnet
diese Publikation in der Deutschen
Nationalbibliografie, detaillierte bibliografische
Daten sind im Internet über http://dnb,d-nb.de
abrufbar.

Impressum:

Herstellung und Verlag:
Books on Demand GmbH, Norderstedt
Copyright 2008 Andreas Rothe
Herausgeber: verDichtet
ISBN: 978-3-8370-6480-3

Inhaltsverzeichnis

Einleitung   7

Einweisung   **9**
Deprilenz   11
Hoffnungsschimmer   12
Wie ?   13
Etwas Verrücktes   14
Gegrübel   15
Zeitumstellung   16

Neuland   **17**
Korbgeflecht   19
Gruppenvisite   20
Neues für Papa   21
Zittern   22
Abgrenzung   23

Gefühlsregungen   **25**
Besuchstagsnachlese   27
Nicht ohne meine Tochter   28
Blumenstrauß   29
Soll und Haben   30
Entspannungsraum   31

Innenansichten   **33**
Der Rückflug des
Schattenteppichs   35
Traumvorspiel   36
Frühsport   37

Im Schneckenhaus 38
Reisestrapazen 39
Der Richter und der Dichter 40
Bacterii depressionalis 44
Verfärbung 45
Die Leiden des jungen Nachbarn 46
Hoffnungsschauer 48

Kopfkino **49**
Teuflischer Engel 51
Entlieb mich Geliebte 52
Kaukasischer Kreidekreis 53
Böses Erwachen 54
Madelaine 55
Leer 56
Einsam 57
Pubertätschaos 58

Lichtblicke **59**
Wanderblick 61
Heimkehr 62
Höllenqualenmeer 63
Auferstehung 64
Himmelfahrt 65
Frisch verliebt 66

Einleitung

Nie hätte ich gedacht, dass mir mal so was passiert: 9 Wochen Psychiatrie wegen Depressionen.

Ich war doch selbst Therapeut. Ich musste das doch irgendwie alleine hinkriegen. So dachte ich lange und sollte mich gründlich irren.

Ein unendlich erscheinender, dunkler, steiniger Weg lag vor mir, als ich die Klinik betrat. Ein Gefühl wie lebendig begraben.
Vieles, an dem ich mich bisher innerlich und äußerlich festgehalten hatte, erschien mit einem Male brüchig. Manches davon zersprang. Anderes heilte. Einiges härtete. Ich wagte eine Reise an das andere Ende meines ICH´s.

Von diesem Ausflug erzählen die in diesem Büchlein zusammengefassten, allesamt während meines Krankenhausaufenthaltes entstandenen, Gedichte.

Ich habe mich entschieden, sie, trotz manch intimer Offenbarung, zu veröffentlichen.

Ich wünsche mir, das Betroffene, ihre Angehörigen, Helfer und Neugierige darin jede Menge Tröstliches, Ausgesprochenes, Erklärendes, Erheiterndes, Romantisches und vor allem Hoffnung gebendes für sich finden.

Denn es gibt ein Licht am Ende des Tunnels......

Zwickau, 11.09.2008

Einweisung

Deprilenz
(7. Mai)

Leiser Wind haucht durch die Äste,
fächelt Luft dem Sonnenschein.
Löwenzahn begrüßt die Gäste,
lädt zum stillen Träumen ein.

Einsam kreisen die Gedanken,
flehen innerlich nach Licht,
schreien, weinen, jammern, schwanken,
doch kein Frühling kommt in Sicht.

All das Wachsen, Grünen, Blühen
streift nur kurz den trüben Blick.
Dunkelheit verzehrt die Mühen,
schlägt mit Fäusten ins Genick.

Vögel zwitschern aus den Kronen
in die Finsternis hinein,
sehnen sich nach Platz zum Wohnen,
doch das Nest ist noch zu klein.

Hoffnungsschimmer
(7. Mai)

Beginnen fließt in grüner Fülle,
strömt wärmend allen Sinnen zu,
bezieht mit Samt die nackte Hülle,
schenkt dem Verderben kurze Ruh.

Getaucht in Strahlen und in Funkeln
glitzert die Welt auf das Gemüt,
verführt Gedanken aus dem Dunkeln,
zu küssen das, was neu erblüht.

Für Augenblicke sprießt Vergessen,
schleicht heimlich leise sich heran,
stört die Finsternis beim Fressen,
so dass ich wieder atmen kann.

WIE ?
(7. Mai)

Wie viele Tränen kann ich weinen,
bevor die Quelle je versiegt ?
Wie lang kann trübsinnig erscheinen,
was vor und hinter einem liegt ?

Wie oft kann Angst mich noch besiegen,
trotz das ich kämpfe bis zum Schluss ?
Wie ewig Trübsinn noch erliegen,
Gedanken die ich haben muss ?

Wie häufig kann ich mich verdammen,
wie lange warten auf mein Glück,
wie tief mir selber Wunden rammen,
wie weit noch senken meinen Blick ?

Wie viel von dem kann ich ertragen ?
Wie schreibt sich fort des Lebens Lauf ?
Wie kann ich hoffen, wünschen, wagen ?
Wie stehe ich es durch und auf ?

Etwas Verrücktes
(7. Mai)

Etwas ist verrückt.
Aber bin ich es ?
Seid ihr es ?
Oder bleiben wir es ?

Etwas ist verrückt.
Aber was hat es bewegt ?
Wohin brachte man es ?
und wozu wurde dies getan ?

Etwas ist verrückt.
Aber wo stand es vorher ?
Was trieb es da weg ?
und wer steht jetzt dort ?

Etwas ist verrückt.
Aber will es zurück ?
Mag es da bleiben ?
und bewegt es sich noch ?

Etwas ist verrückt.
Aber bin ich es ?
Seid ihr es ?
Oder bleiben wir es ?

Gegrübel
(7. Mai)

An sich ist Denken ja nicht übel,
außer man macht daraus Gegrübel,
dreht Runden in Gehirngewinden,
um Finsteres herauszufinden.

So etwas passt nicht in die Zeit,
die jeden Tag der Freude weiht,
uns anhält hübsch zu funktionieren
bald dies, bald das zu konsumieren.

Wenn jeder an sich selbst nur denkt,
wirken Zweifler wie beschränkt,
stören des Feindes Bild beim Weben
durch ungewohntes Selbst-Aufgeben.

Ach wär´n doch alle depressiv,
dann gänge endlich nichts mehr schief,
vergleichen würde prompt entfallen,
so wie mir, gäng´s dann ja allen.

Zeitumstellung
(8. Mai)

Werfe Blicke ich nach Morgen,
überfällt neu Schaudern mich,
wühlt heraus die alten Sorgen,
bläst sie auf und gießt sie frisch.

Schaue ich was schon vergangen,
beißt die Scham mir ins Gesicht,
rinnen Tränen von den Wangen,
tagt das innere Gericht.

Lebe ich hier jetzt und heute,
strömt Ruhe plötzlich in mich ein,
schenkt für Momente Kraft und Freude,
lässt mich still zufrieden sein.

Neuland

Korbgeflecht
(8. Mai)

Gewunden kriecht gezähmter Faden
durch enges Stakendickicht hin,
sucht den Boden zu beladen,
webt in dieses Dasein Sinn.

Langsam aufwärts das Gebilde
strebt in Regelmäßigkeit,
so als führe es im Schilde,
zu entschweben aus der Zeit.

Wider die Angst und das Versagen
wehrt sich dichtes Korbgeflecht,
vermag das Scheitern zu verjagen,
flüstert dir zu: Mensch gar nicht schlecht.

Gruppenvisite
(9. Mai)

Gleich hinter frisch geputzten Scheiben
winken Stühle heiß heran,
unduldsam jedem ferne bleiben,
besetzen sich mit Frau und Mann.

Erfüllt vom schnellen Schlag der Herzen
pulsiert die Luft im ganzen Raum,
treibt durch den Körper wunde Schmerzen,
klopft an bei jedem finstren Traum.

Das erste ICH zittert ganz leise
aus tiefer Seele hin zum Licht,
wagt sich auf unbekannte Reise,
dorthin wo man es gleich bespricht.

Neues für Papa

(9. Mai)

Vater, dein Junge ist kaputt,
kann nicht mehr funktionieren,
weiht seine Zukunft grad dem Schutt,
scheint kaum zu reparieren.

Vater, dein Junge ist ein Andrer
als du ihn bislang hast gesehn,
kein Durchbesteher, sondern Wandrer
im Kopf und nun auch in den Zehen.

Vater, dein Junge will gefallen,
sich selbst zunächst und nicht nur dir,
verfing sich zu oft in den Krallen
übertragner Liebesgier.

Vater, dein Junge ist ein Spinner,
ein Träumer voller Phantasie,
ein Gedankenweltgewinner,
ein Clown verrückt nach Poesie.

Zittern
(9. Mai)

Atem stolpert aus der Nase,
Fersen schweben in der Luft,
Augen flüchten wie ein Hase,
Ohren sehnt es nach der Gruft.

Finger tanzen auf und nieder,
Füße baden stinkend nass,
im Kopf brüllt´s monotone Lieder,
das Gesicht erstarret blass.

Sprache gefriert hinten am Gaumen,
das Herz rast über Ampeln weg,
der Hals quält sich mit ganzen Pflaumen,
die Leber trinkt was auf den Schreck.

Der Magen streikt, meldet sich flau,
im Darm wehen die Winde,
die Haut ist vor Erfrieren blau,
das Blut schreit nach der Binde.

Abgrenzung
(10. Mai)

Um die Anstalt führt ein Zaun,
zerschneidet nahe Welten,
warnt drohend von hier abzuhauen,
solang verrückt wir gelten.

Bis in die Höhe teilt der Draht
in drinnen und in draußen,
steht wehrhaft sichtbar stets parat,
tropft Baldrian auf´s Grausen.

Zu welcher Seite liegt nun innen,
wo fängt die große Freiheit an ?
Sind Kranke jene, die grad spinnen,
oder vielleicht am Besten dran ?

Was diktiern uns jene Zeiten
unbemerkt als unsre Pflicht ?
Andre nicht man selbst soll leiden,
gut ist, was viel Geld verspricht.

Skrupellos und voll Intrigen
ist der Mensch der neuen Zeit,
muss tagtäglich steigern, siegen,
schult Gewissenlosigkeit.

Menschen die solch Welt begrübeln,
verzweifeln an ihr nach und nach,
versuchen Kälte auszubügeln,
zeigen es liegt etwas brach.

Solch Gefühl wirkt leicht bedrohlich,
ärgert, stört die bunte Welt,
verschreibt Behandlung nur symbolisch,
damit sie weiter sich gefällt.

Es werden stetig mehr die scheitern
am Update ihrer Apparatur.
Wohin führt uns dieses Eitern ?
Sind wir vielleicht die Vorhut nur ?

Gefühlsregungen

Besuchstagsnachlese

(10. Mai)

Vater, dein Besuch tat weh.
Du kamst nur, um zu gehen.
Ich fühlte es von Kopf bis Zeh,
das nicht vor dir Bestehen.

Vater, was macht es nur so schwer,
mich so auch anzunehmen ?
Ich brauche deine Liebe sehr,
musst dich nicht für mich schämen.

Ein wenig starb für dich dein Kind,
lässt sich nicht mehr vorzeigen.
Bist du tatsächlich für mich blind ?
Hemmt Schmerz dein Zu-Mir-Neigen ?

Ganz sicher braucht es seine Zeit
uns beide zu sortieren.
Ich fühlte mich jedoch befreit,
wenn wir uns nicht verlieren.

Nicht ohne meine Tochter (aber für sie)
(11. Mai)

Ich liebe dich im Kern mein Kind.
Du brauchst mir nichts beweisen.
Auf ewig wir verbunden sind,
wohin auch führt dies Reisen.

Ich liebe dich so tief und fest,
will halten dich und schützen
und würd des Lebens letzten Rest
für dich opfernd benützen.

Deine Umarmung heut am Tor,
wie hab ich sie genossen.
Kam mir so tief verwachsen vor,
von Tränen frisch gegossen.

Mit zartem Arm kralltest du feste,
mich nah und näher an dich ran.
Dein Schweigen schrie: Du bist der beste
Papa den ich haben kann.

Blumenstrauß
(11. Mai)

Von zarter Hand geknickte Halme,
gebunden in ein Farbenmeer,
fächelst als Südseezimmerpalme
gelöste Luft zu mir hierher.

Getönt in Sehnsucht und Umarmen
streicheln Blüten sanft mein Herz,
so als hätten sie Erbarmen
wie der Frühling spät im März.

Oh kleiner Gruß großer Natur,
verleihst dem Dasein Stütze,
behandelst mich wie eine Kur,
wärmst wie die Wintermütze.

Verbirgst in deiner Mitte viel
an Blüten und an Trieben.
Versicherst mich mit dem Gefühl
von Menschen, die mich lieben.

Soll und Haben
(12. Mai)

Bilder stampfen durch die Seele,
zeichnen Melodien in Moll,
schwarz-graues Dahingequäle,
Gemälde dessen, was ich soll.

Versagen dringt in jede Pore,
Scham und Scheitern treffen sich,
erklären mich zu ihrer Hure,
benutzen mich zu Bett und Tisch.

Steh winzig klein unter der Latte,
die ich mir selbst hoch aufgelegt,
schau nach oben und ermatte,
nichts, was mich dorthin bewegt.

Entspannungsraum
(12. Mai)

Onanie im Hospital
gerät gewöhnlich leicht zur Qual,
denn derlei Übung findet man,
hier nirgendwo in seinem Plan.

Vergaß man dies etwa aus Scham,
oder weil niemand fragen kam
und lieber still in Heimlichkeit
sich jeder von dem Druck befreit?

Man will ja keinen irritieren.
Wer weiß schon wie die reagieren,
wenn plötzlich unter frischem Bett
im Rhythmus knarrt hölzern Gebrett.

Besonders für die ohne Brust
gefährdet grad der Ende Lust
erheblich Bettbezug und Laken,
so dass sie stehend oft sich plagen.

Besonders nachteilig wirkt hier,
wenn mit im Zimmer 2 gar 4,
denn dann heißt´s meistens erst mal warten
auf die Gelegenheit zum Starten.

Ganz dringend hierzu eine Bitte:
Denken sie auch an die Visite.
Denn es prägt sich sehr tief ein,
tritt Chefarzt samt Gefolg herein.

Gerät so kurz davor ans Ohr:
"Wie gehts uns heute ?" aus dem Chor,
wär alles andere geunkt
als: "Gleich auf meinem Höhepunkt".

So droht trotz psychischer Beschwerden
das frühzeitig entlassen werden.
Es jubiliert die Krankenkasse:
Mensch diese Klinik die ist Klasse.

Innenansichten

Der Rückflug des Schattenteppichs
(12. Mai)

Dunkles Laub verschlingt die Sonne,
wirft sich Strahlen in den Weg,
vergönnt nicht länger deren Wonne,
durchbricht den schmalen, frischen Steg.

Knüpft seine Blätter aneinander,
behilflich weht ein Höllenwind.
Der Teppich ist ein Altbekannter,
aus dem schlaflose Nächte sind.

Wirft auf die Gartenbank im Schatten
bedeckend sein Gewebe hin.
Lädt ein zum fieberhaft Ermatten,
den Suchenden nach Lebenssinn.

Gewirkt von hinterlist´ger Spinne
spannt unsichtbar sich jenes Netz,
dass kein Insekt daraus entrinne
erfüllend das Naturgesetz.

Traumvorspiel

(12. Mai)

Müdigkeit zerrt an den Lidern,
bettet Vergängliches zur Ruh,
spritzt Blei in jedes von den Gliedern
und zieht des Tages Vorhang zu.

Auf dunkler, unbesuchter Bühne
erfindet sich ein letzter Akt.
Es tanzen stampfend Schuld und Sühne
zu lauter Marschmusik im Takt.

Der Regisseur ist längst entschwunden.
Es inszeniert jetzt fremde Macht.
In Monologen frei erfunden,
spricht zu mir nun die dunkle Nacht.

Frühsport
(13. Mai)

Gähnend kämpft sich graue Masse
aus den Federn an das Licht.
Vor der ersten Kaffeetasse
ruft die ungeliebte Pflicht.

Strecken, Dehnen , Hüpfen, Beugen
hallt es im Kasernenton,
zum Schluss Anwesenheit bezeugen,
Sport frei, ja, das war´s dann schon.

Wie erlöst von einem Fluch
geht man auseinander,
doch jeder im Trainingsanzug
bleibt dieser Qual Bekannter.

Im Schneckenhaus
(12. Mai)

Tief drinnen im gewundnen Haus
hockt vor Angst feucht die Schnecke,
schiebt keinen Fühler heut heraus
aus sicherem Verstecke.

Mag nichts von all dem draußen sehn,
keinen beim Kriechen treffen.
Harrt auf des Tages schnell Vergehn
als wolle dieser bluffen.

Obgleich bewohnt das Schneckenhaus,
durchdringt es gähnend Leere,
vergiftet den Gourmet beim Schmaus
mit gallebittrer Schwere.

Fühlt sich so klein und schutzlos nackt,
voll Zittern und Versagen.
Bangt das kein Vogel spitz zupackt,
um sie hier fort zu tragen.

Reisestrapazen
(12. Mai)

Ich glaub, ich lern mich grad erst kennen.
Entdecke, was sich in mich schlich.
Hör auf vor mir stets fort zu rennen,
spüre den Selbstbetrug als Stich.

Es mischt sich Sterben und Geboren
in einem einz´gen Atemzug.
Manches gewonnen, viel verloren,
was bisher fest ich bei mir trug.

Ein angstgebrochnes Weitersehnen,
ein bitter finsteres Lebwohl,
ein endzeitliches Anfangswähnen,
eine Tropenreise an den Pol.

Ein Kotzen und ein Widerkauen,
ein Selbstmord voller Lebenslust,
ein zärtliches sich selbst Verhauen,
ein Saugen an erschlaffter Brust.

Wie ein verdammendes drauf Hoffen,
ein zugefrorener Vulkan,
fühl zerissen mich betroffen,
von dem, was neu ich schauen kann.

Der Richter und der Dichter
(13. MAI)

Es war einmal ein großer Richter,
in dessen Haus lebte ein Dichter.
Beide gewahrten sich nur flüchtig,
man kannte sich nicht wirklich richtig.

Der Richter ging früh aus dem Haus.
Das war dem Dichter gar ein Graus,
denn seine Zeit, das war die Nacht,
wenn bei Gericht alles vollbracht.

Fremdes verurteilt man am Tage.
Des Nachts wird man sich selbst zur Plage.
Jedoch drängt´s beides aufs Papier
mit gleich verhaftender Begier.

Nun trug sich´s eines Abends zu,
dass beide fanden keine Ruh
und lauschten an des Andren Wand,
wodurch man jedes Wort verstand.

Den Dichter schreckten harte Worte
über des Täters letzte Morde.
Er hasste das, was schon gequält,
eh die Geschichte ganz erzählt.

Sekunden später an der Wand
vernimmt der Richter unbekannt,
Wortfetzen, die den Sinn entbehren,
die jede Kleinigkeit beschweren.

Er hält dies für zu unkonkret,
fragt sich, wer gegenüber steht
und erkundigt sich geschwinde
nach Jenem, der sich dort befinde.

Den Dichter überrascht solch Frage.
Er überlegt, wie er es sage
und haucht poetisch dann zurück:
Ein Suchender nach Wortgeschick.

Der Richter kann sich nichts draus raten:
Mein Freund was zählt, sind doch die Taten.
Worte sind Mittel nur zum Zweck,
in die ich rechten Sinn versteck.

Woran erkennt ihr rechtes Tun,
ließ es den Dichter nun geruhn,
zu fragen, was er nicht verstand
den Hochgelehrten an der Wand ?

Ich halte mich an die Gesetze
und wer ein solches je verletze,
betritt des Unrechts Boden just
und ich nehm ihn mir dann zur Brust.

Lest ihr nie zwischen allen Zeilen,
Gedanken, die im Schweben weilen
und voller Gier nach Poesie
erklingen wohl in Harmonie ?

Solches Lesen ist abscheulich,
es färbt mein Tun gar furchtbar greulich.
Justizia, die ist allzeit blind
mein hochverehrtes Dichterkind.

Habt ihr nie Sehnsucht nach so Dingen,
die uneindeutig in euch klingen,
die neben all der treuen Pflicht
ein wenig euer Herz anficht ?

Ich ahne wohl, wovon ihr sprecht,
nur geht so was beim Richten schlecht.
Ein Urteil voller Poesie
besteht durch die Instanzen nie.

Es wäre, wie wenn ihr nur feilt
an Lyrik die stets aburteilt.
So ein Werk bliebe verstaubt,
weil keiner soviel Klarheit glaubt.

So kommen beide überein,
es lohnt nicht, dies Zusammensein:
Es lebt ein jeder unverstört,
wenn er auf seine Weise hört.

Sie brauchten also diese Mauer.
Sie machte jeden für sich schlauer.
So nahm ein jeder von der Wand
sein Ohr und schritt gen Heimatland.

Bacterii depressionalis
(13. Mai)

Gesellschaftlich ist Depression
eine normale Reaktion
auf Umstände, die sich stets wandeln,
den Mensch nicht mehr als Mensch
behandeln.

Um jedes Individuum
schwebt auch ein Universuum,
dessen Licht wir ausgesetzt,
das uns drückt, benutzt, verletzt.

Warum werden wir denn mehr ?
Kamen wir einst woanders her ?
Oder fordert nur Tribut,
was sich um uns täglich tut ?

Das affektive Störungsbild,
als das das ganze heut noch gilt,
wird bald schon, revolutionär,
zum Spiegelnden es geht nicht mehr.

Verfärbung
(13. Mai)

In meinem Kopf ist alles leer.
Erwürgt verenden Pläne.
Im Glauben kann ich gar nichts mehr,
nagt an mir die Hyäne.

Aus dem, was nicht geschehen ist,
basteln die Gedanken
eine frische Fuhre Mist,
schüttet sie über Schranken.

Dieser Dung wirkt infektiös,
streut sich in alle Zellen,
färbt die Welt gallbitterbös,
bringt alten Reis zum Quellen.

Die Leiden des jungen Nachbarn

(13. Mai)

Steffen liegt neben mir.
Er ist depressiv.
Es läuft, wie bei allen hier,
bei ihm etwas schief.

Unruhig tigert er
ins Bett und raus,
hält schlimme Gedanken
kaum mehr noch aus.

Ist voller Selbstmord,
trotz Medizin,
will unbedingt fort,
wie es heut schien.

Wehrt sich voll Mut,
mit Apathie,
geht ihm nicht gut,
schlecht wie noch nie.

Neue Tabletten,
bringen zurück,
Gedanken vom Retten,
Sehnsucht nach Glück.

Langsam taucht Licht,
am Horizont auf,
hebt sein Gesicht,
etwas hinauf.

Hoffnungsschauer
(15. Mai)

Ein erster Regen tröpfelt leis,
erweicht tränend die Kruste,
spült von dort ab, das was ich weiß
und auch das, was ich wusste.

Gereinigt blitzt darunter vor
der Nabel allen Lebens,
gleichsam einem Verbindungsrohr
meines verlegten Strebens.

Es nässt sich Klarheit in die Welt,
wäscht ab die Schutzfassade,
begießet sacht, was mir gefällt,
richtet die Blumen grade.

Die Schauer spielen Tanzmusik,
es schwingt das Herz die Hüfte,
die dunkle Nacht wedelt vor Glück
den Säugling durch die Lüfte.

Kopfkino

Teuflischer Engel

(16. Mai)

Blondes Gift versüßt die Sphäre,
beduftet zart mit Weiblichkeit
die triste schlaffe Alltagsschwere
und treibt die Fantasien weit.

Wie Hände sanft die Haare streifen
aus unschuldigem Angesicht,
wie Blicke schüchtern um sich schweifen,
in treuen Augen Sehnsucht spricht.

Wie jungfräulich die Haut umschmeicheln
zarte Knospen voller Lust,
wie jeder Blick von dir will streicheln
wird angstvoll sehnend mir bewusst.

Unbestellt bebt meine Erde,
kribbelt es gefährlich tief,
so als ob geprüft ich werde,
inwieweit da etwas lief.

Entlieb mich Geliebte

(19. Mai)

Ich werde morgen Wahnsinn tun
und deinem Bann erliegen.
Ich kann keine Sekunde ruhn,
mein Herz will zu dir fliegen.

Es ist so sehnend unvernünftig,
so unausweichlich schön,
so voller jetzt, so ohne künftig,
ein paradiesisch Untergehn.

Ein zitterndes sanft nach dir Tasten,
ein Kämpfen gegen den Magnet,
wie ein schweigendes Ausrasten,
ein ungläubiges Schlafgebet.

Ich kann dir nicht mehr widerstehen.
Ich fleh dich an, lehne mich ab.
Darfst nicht mit mir noch weiter gehen,
als letzte Hoffnung, die ich hab.

Kaukasischer Kreidekreis

(22. Mai)

Inmitten eines schwarzen Kreises
schlägt ein Herz erbarmungslos,
gehorcht Gefühlen, ahnt nichts Weises,
beschimpft den Schädel Gernegroß.

Zu beiden Seiten ziehen Hände,
den Herzensträger an sich ran.
Die Schmerzen schreien um Verbände,
damit die Blutung stillen kann.

Mit letzter Kraft schneidet die Schere
offene Wunden in den Ring.
Es weichen Milligramm an Schwere
der Last, die sehnsuchtsvoll mich fing.

Böses Erwachen

(23.-25. Mai)

Langsam weicht des Traumes Bild,
um mich herum nur Scherben.
Kann nicht rennen, steh wie wild
und harre leis dem Sterben.

Es ist kein großer Tod der naht,
ein unsichtbarer Schleicher.
Er reißt und schneidet kalten Draht,
rührt Fundamente weicher.

Quälend unendlich rinnt die Zeit,
verhüllt mit grauem Schleier,
betäubt, vergisst, verweht, befreit,
dreht tickend an der Laier.

Narben versteckt unter der Haut
spritzen Schmerz nach innen,
vergiften alles, was vertraut,
ersticken neu Beginnen.

Madelaine

(25. Mai)

Ich kann dich nicht ohne Herzklopfen sehn,
so sehr ich mich auch mühe.
Alles in mir fängt an sich zu drehn,
hab Angst, dass ich bald verglühe.

Ich würd dich gern halten in meinem Arm
und zärtlich den Mund dir sanft küssen.
Sehn dich zu spüren, so weich und warm,
vergessend all das, was wir müssen.

Will dir ganz nah in die Augen sehn,
unsterblich darin zerfließen,
ewig eng umschlungen spazierengehn
und Fantasien begießen.

Leer
(26. Mai)

leer
da ist nichts mehr
alles bloß schwer
und leer
vorbei rauscht Verkehr
sonst nichts mehr
bloß leer
selbst das Gewehr
zur Gegenwehr
bleibt leer
verstoß´ne Begehr
behandelt nicht fair
macht leer
sehe nichts mehr
Augen versinken im Tränenmeer
bin leer
liebte so sehr
doch er gab dir mehr
drum fühl ich mich leer
so leer
so leer

Einsam

(28. Mai)

Am Boden kriecht der Tag dahin,
gewunden, gleich der Schlange,
spritzt Gift in jeden Lebenssinn,
erwürgt mich schon so lange.

Wagt seinen ersten Mordversuch
im Anflug des Erwachen.
Bevor ich mich in ihn einbuch,
betäubt er jedes Lachen.

Am Abend fällt dann Einsamkeit
in meinen Körper ein,
drückt ihre Leere in mir breit,
lässt Stille schmerzhaft schreien.

Denkt jeden Busen sich heran,
erbettelt etwas Nähe,
die den Moment erwärmen kann,
damit er schnell vergehe.

Pubertätschaos
(1. Juni)

Betongegoßne breite Pfähle
auf wohlvertrautem Fundament,
tragen und quälen meine Seele,
durch die ein kleiner Junge rennt.

Überall Bröckeln, Reißen, Schwanken
Elemente fest verbaut,
befreiend ängstigen Gedanken,
das alles einstürzt furchtbar laut.

Verletzte wimmern im Getrümmer,
versuchen selbst sich zu befrei´n,
ringen um neuen Tagesschimmer,
bedrückt vom schweren Bruchgestein.

Aug umkrallt fern frische Blüte,
berauscht sich an Vergänglichkeit,
bettelt hungrig um die Güte
einer neu erbauten Zeit.

Lichtblicke

Wanderblick

(5. Juni)

Weites Feld umsäumt die Erde,
schweift entlang am Horizont,
lockt die Augen auf die Fährte,
dorthin, wo die Hoffnung wohnt.

Fern in Wind gehauchtes Streicheln
färbt sich in die Seele ein.
Wie ein Verband legt sanftes Schmeicheln
sich stillend über alle Pein.

In leiser Schönheit schwingt Vergessen
heilsam durch die laue Luft.
Von Unendlichkeit besessen,
tanzt der honigsüße Duft.

Heimkehr

(6. Juni)

In treuen Augen weinen Fragen
salzige Tränen in dein Herz.
Tief verletztendes Entsagen
übermannt dich voller Schmerz.

Von fremden Fantasien gezogen,
spannt sich unser Liebesband.
Gedanken haben dich betrogen,
doch tat es niemals meine Hand.

Bin mir selbst so fremd geworden,
voll Träume und viel Einsamkeit.
Muss den Kompass neu einnorden,
bin zur Heimkehr fast bereit.

Lass uns Liebe neu erfinden,
miteinander, du und ich,
will allein an dich mich binden,
gib mir die Chance, sag ja, versprich.

Höllenqualenmeer

(17. Juni)

Schuldbetrunken wankt die Seele,
besäuft sich bis zum Rand mit Leid,
lacht dabei, wie ich mich quäle
durch uferlose Traurigkeit.

Mit feuerheißer Scham begossen,
verkohlt bis zur Unkenntlichkeit,
von tausend Kugeln wild durchschossen,
ermordet mich der Lauf der Zeit.

Still harre ich dem steten Sinken,
erträume keine Rettung mehr,
bin durstig nur noch nach Ertrinken
in diesem Höllenqualenmeer.

Auferstehung
(20. Juni)

Langsamkeit strömt in die Glieder,
Zeit macht sich im Körper breit,
endlich spüre ich mich wieder,
bin zu leben neu bereit.

Narben bilden sich auf Wunden,
kleine Pflänzchen wurzeln zart,
es befreunden sich Sekunden,
die bislang dem Tod geharrt.

Blicke heben sich vom Boden,
wollen wieder Weite sehn,
auferstehen von den Toten,
nicht mehr nur im Kreise drehn.

Mut keimt kraftvoll aus dem Magen,
grünt und blüht durch meinen Leib,
überwuchert das Versagen,
begehrt den Mund zu seinem Weib.

Himmelfahrt

(24.-25. Juni)

Blauer Hauch durchbricht die Wolken,
mischt sich in die dunkle Front,
verführt Gedanken nachzufolgen,
dorthin, wo die Hoffnung wohnt.

Heu beduftet weite Wiesen,
saugt die Sonne in sich auf,
breitet aus sich zum Genießen,
träumt, es läg ein Jüngling drauf.

Durch die Lüfte schweift der Frieden,
setzt sich zu mir auf den Schoß,
verbindet, was solang geschieden,
reißt von tausend Ketten los.

Ich lebe, lebe, lebe wieder,
kein Sklave mehr angstvoller Pein.
Ich denke, fühle, singe Lieder,
in mir erwacht der Sonnenschein.

Frisch verliebt

(4. Juli)

Starr in Ewigkeit gegoßen
lag mein Leben auf dem Tisch.
Von Perfektion beinah erschossen,
besaß ich alles, nur nicht mich.

Getrimmt, gedrillt zu funktionieren,
ein Leben nach Erfordernis,
nur pflichtbewußtes Vegetieren,
gehorchend dem Gewissensbiß.

Heut mag ich meinen Atem wieder,
belausche ihn beim Auf und Ab
und Sehnsucht singt leis jene Lieder,
die ich beinah vergessen hab.

Endlich bei mir, bin angekommen,
umarme, herze, drücke mich.
Im Spiegel, der einst nur verschwommen,
lese ich nun: Ich liebe dich.